JN438604

이사랑 시인

꽃
세상이 하도 어두워서
꽃이 핀다

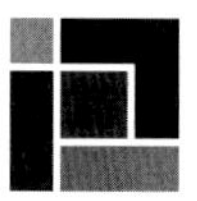

적막 한 채

006
다시올시선

적막 한 채

이사랑 시집

다시올

■시인의 말■

무값

무우의 값이 아닌 무값
내 시가 그렇다!
밑천 안 들이고 받아쓰기 한
내 시집은 값이 없다
그래서, 0원 영원이다

차례

1부 꽃씨 사세요, 꽃詩요

2부 한 우물 파기

3부 동물과 식물의 대화

4부 은유야 어디 있니?

1부
꽃씨 사세요, 꽃詩요

적막 한 채

소리가 사라진 자리에
고요가 움트는 신생의 시간
가위로 어둠을 오려냈더니
거기 적막 한 채 보인다

시가 뭔지도 모르고
규격이나 틀도 모르고
거침없이 형식을 파계하고
석 달 열흘, 무엇에 홀린 듯

적막강산에 지은, 시의 집
적막 한 채!

자신

몸을 신으로 모시고 사는
나는 나 자신을 믿는다

자신을 믿고 사는 나는
내 몸이 신이다

하늘 무서운 줄 알라며
하느님이 '까불지 마라' 한다

솔직히 말하자면 나 자신은
잡신 축에도 못 끼는…

숫눈길

홀로
숫눈길 걸어가고 있다

앞으로 걸어가다 돌아서서
거꾸로 걸어가고 있다

지워진 길을 새로 만들며

앞으로 걸어간 발자국과
앞에서 걸어온 발자국이

한 길로 이어져 있는

순백의 길에서
나는 나를 만났다

중고품

주웅고 가전제품 삽니다
컴퓨우터 저언축 세타악기 냉자앙고
고장 난 에어커언 텔레비져언 삽니다

일곱 살 먹은 냉장고와 세 살배기 김치냉장고
올해 새로 입양한 에어컨과 노트북
아무리 찾아봐도
우리 집엔 없다

침침한 눈
썩어가는 치아
녹슬고 마모된 머리
삶의 무게에 짓눌린 허리
세상을 혼자 짊어진 어깨
틀어진 문짝처럼 삐걱거리는 무릎
아무리 찾아봐도
나밖에 없다

음, 이걸 어쩌나 ?
중고 고장 난 것들 전부 사겠다고
집 앞에서 사정하는데

11월에 오신 손님

꽃이란 꽃 다 지고 나니
벌 나비 한 마리 오지 않는다

새벽안개 짙은 걸 보니
오늘 꼭 손님이 올 것만 같다
서둘러 손님 맞을 채비를 해야지

머리를 감아 빗고
아끼던 옷을 꺼내 입고
구석구석 먼지를 닦고

거울 앞에서
낯선 손님을 맞는다

어서 오세요 !
들러리로 따라나온 미소와 함께
내가 나를 맞는다

나를 위하여 울어주고
나를 위하여 선물을 사고
나를 위하여 노래를 부르고
나를 위하여 밥상을 차리고

나는 나를 귀빈으로 모셔본 적 있는가?

집

겨우 터파기 작업 끝냈는데
뜬금없이, 누가 카톡카톡 묻는다
아직도 시집 안 갔어?
시집은 가는 게 아니고 짓는 거야

집을 짓고 농사를 짓고 창고를 짓고 밥을 짓고
제목을 짓고 시를 짓고 이름을 짓고 구분을 짓고
매듭을 짓고 표정을 짓고 짝을 짓고 짓는다
사전을 찾아보니
만들고 일으켜 세우는 동작으로
짓는다는 것은 창작

시인이 지은 시집을 가만히 들여다보면
그 집에는 정직한 사람이 살고 있다

간을 보다

새 학년 새 학기로 올라간 아이들
먼저 선생님 간을 본다고 한다

간 잘 맞는 부부가 맛있게 잘 살듯이
친구도 간이 잘 맞아야 맛있는 친구다

신선한 재료에 양념을 듬뿍 넣어도
간 안 맞으면 맛없는 음식처럼
시도 그렇다

누군가 지금 내 시의 간을 보고 있다
짠가? 싱거운가?

너에게 가는 길

사막에서 낙타는 한 그루 나무다

나그네가
나무 그늘에 기대어 생각한다

추상적 사랑이라는 신기루
그것이 행복이라고 착각하는

사람이 사람을 사랑할 때만큼
외로울 때가 또 있을까?

나무와 걸어가는 사막에
모래바람이 분다

너를 찾아가는 길
참, 멀다!

외딴집

산지기 홀로 살았다는 집
무엇에 홀려 이곳에 왔는가?
바람이 마당을 휘돌아가면
통풍환자처럼 아프다

목숨 내놓고 미칠 듯 살았지만
미치지 못해 미치겠다
악착같이 살아봐야 백 년인 것을
나 죽어 소리까지 곰삭으면
육신 위에 낙엽이 쌓이고
외로운 영혼에 풀씨 날아와
꽃 필 것이리니…

그대 어느 산등길 지나다
혹시, 하얀 민들레꽃 보거든
눈인사나 하고 가소

결벽증

섞이지 못하면 외톨이가 되는 세상

고추장에 밥을 비비다
섞는다는 말이 생각났다

빗방울 하나하나가 섞여 바다가 되고
나무 하나하나가 섞여 산을 만들고
양념 하나하나가 잘 섞여 맛있는 음식이 되듯
몸을 섞고 마음을 섞고 말을 섞고 웃음을 섞고
섞여 살 일이다

아파 누워 있는데 전화가 온다
"방에만 있지 말고 활동을 해라
문인협회도 가입하고 잘 나가는
그들과 교류해야 인맥을 넓히지"
섞이는 게 싫어서요
"인마 깨끗하게만 살려니까 힘든 거야!"

1급수에서만 산다는
버들치 꺽지 열목어 쉬리 산천어 금강모치
세상이 혼탁해지면서 멸종 위기에 처한
그중 한 마리가 나다.

내 가슴에 샘 하나 있다

눈물을 길어
밥을 짓고 시를 짓는다

그 샘은

고요를 숙성시키는 침묵의 샘물
수천 미터 지하 암반수
퍼내면 퍼낼수록 샘 솟는

가슴의 샘

어둠을 길어 올리면 달이 올라오고
적막을 길어 올리면 별이 올라오고
그리움을 길어 올리면 한 두레박

눈물이 올라왔다

근시로 살기

어린 딸은
안경 너머로 세상을 보고 자랐다
꿈속에서도 길을 잃을까 봐
안경을 끼고 잔다
그것은 딸의 눈이다

누구나 자신의 시력만큼, 세상을 바라 본다는데

정보 멀미 인터넷 멀미 사람 멀미 시 멀미까지
심한 나는 우물 안의 개구리
눈 감고 있을 때가 편하고
근시로 사는 게 익숙하다
풀꽃도 보고 개미 떼도 보는
근시라서 행복하다
지금
내일을 걱정하지 않는
하루살이처럼

풍경 속에 들다

어느 날
풍경 속으로 도망쳤다

현재로부터 옛날로
도시로부터 산골로
사람들로부터 자연으로
자본주의로부터 무정부주의로

누군가 버리고 떠난 하늘로
누군가 버리고 떠난 땅으로
누군가 버리고 떠난 집으로

그들이 올라간 길을 거슬러 내려와
꿈속으로 고독 속으로 바람 속으로
적막 속으로 고요히

뿌리 내려
비로소
풍경이 되었다.

바늘 끝에서 피는 꽃

청석골의 단골 수선집 늙은 재봉틀 한 대
아마, 지구 한 바퀴쯤은 돌고도 남았지
네 식구 먹여 살리고 아들딸 대학까지 보내고
세상의 상처란 상처는 모조리 꿰매는 만능 재봉틀
실직으로 떨어진 단추를 달아주고 이별로 찢어진 가슴과 술에 멱살 잡힌 셔츠를
감쪽같이 성형한다
장롱 깊숙이 개켜둔 좀먹은 내 관념도 새롭게 뜯어고치는 재봉틀
작은 것들은 가슴을 덧대어 늘리고
막힌 곳은 물꼬 트듯 터주고 불어난 것들 돌려막으며
무지개실로 한 땀 한 땀 땀 구슬을 꿰어 서러움까지 깁고 있다
무더운 여름 낡은 그림자를 감싸 안고 찌르륵 찌르륵
희망은 촘촘 재생시키고 구겨진 자존심은 반듯하게 세워 돌려준다
일감이 쌓일수록 신나는 재봉틀 오늘도 허밍허밍 즐겁다
별별 조각난 별들을 모아 퀼트 하는 밤
바늘 끝에서 노란 달맞이꽃들이 환하게 피어났다

땡감

무논에 개구리 우는 오월 밤
시름없이 감꽃 지고 나면
배꼽 떨어진 자리마다
사유가 있다

말매미 울음 끓어 넘치는 팔월
야무지게 주먹 쥐고 있는
저 푸른 속내를 알려면
씹어 봐야 먹어 봐야
맛을 알지

어디, 맛 들었나？
툭 따서 한입 베어 무니
퉤퉤 내 詩 맛이네

알고 보니
시간이 땡감을 익히더구먼!

2부
한 우물 파기

함평장

남도의 봄은,
가장 먼저 함평 오일장으로 온다

산과 바다
들판을 옮겨다 놓고
닭장에서는 힘센 놈이
장바닥에서는 큰소리가 이긴다

팥죽집 옆에 대장간 옆에 죽물집
국밥집 돌면 섭섭아짐 국화빵집
튀밥집 신발집 옷집 오동슈퍼

제비처럼 줄지어 앉은 얼굴들
봄빛이 부시다

함평장에는 마트에서 볼 수 없는
에누리와 손저울과 덤이 있어라!
싸목싸목 댕겨보시게요
웃음도 덤으로 따라온당께라

함평천지

서울에서
서해고속도로 타고
남쪽으로 남서쪽으로
하행하다 졸음이 밀려올 때쯤
소똥 닭똥 돼지똥 냄새 나면
거기서부터 전부
내 고향이다

사람 떠난 집터엔
대나무 숲 청청히 우거지고

천지 지천 갓동꽃 피고
지고 나면 배롱꽃 피고
지고 나면 싸리꽃 피고
지고 나면 꽃무릇 피고
지고 나면 억새꽃 피는

가도 가도 붉은 황톳길*
무심히 정자를 지나던 바람도
가부좌 틀고 앉아
소리 한자리 뽑아내지 않고는
그냥 못 가는

* 한하운, 「전라도 길— 소록도 가는 길에」

조상을 섬기다

남도의 붉은 산은 피로 물든 산
우리 시조 고조 하나씨들 묻혀
동산이 되었다

산야에 유골이 나뒹굴던 땅
불갑산에서 흘러온 피
용천사 연못이 받아놓고

이 가을 시제 모시는가?
붉게 타오르는 꽃무릇 촛불들

소나무 껍질 벗겨 먹고
지푸라기를 땔감으로
엄동설한에 베옷 입고
잡초처럼 살아남은 자손이다

우리라는 우리는
김 씨 이 씨 박 씨 최 씨
자자손손

괭잇날 삽날 반쪽이 될 때까지
그들이 일군 산허리 양지마다
배고파 죽겠다던 사람들
꾹꾹 눌러 고봉밥으로
추워 죽겠다던 사람들
명당자리에 모셨다

누구든 남도에 오거든 보시라
동산마다 정성스레 차려놓은 고봉밥
쌍놈 후레자식이라도
망자 앞에선 예절을 아느니

세상이 문명과 자본으로 범람할지라도
아들아! 잊지 마라
딸들아! 기억하라

부모 없이 태어난 자식 없다는 말.

샤론의 꽃

어느 날 남편도 버리고
남편과 살던 집도 버리고
그리고 부모 형제도 다 버리고
집안이 풍비박산으로 고향마저 버렸다
피붙이 두 딸과도 멀리 떨어져
남도 황토 땅에도 마음 붙일 곳 없어 방황했다
아침저녁으로 쓸쓸하니 바람이 불어
곧 추위가 다가올 것인데
나 홀로 빈농가 양철지붕 아래
전기장판 한 장으로 겨울을 견뎌야 한다
낮이나 밤이나 찾아오는 이 없는
처마 낮은 곰팡내 나는 어둑컴컴한 방에서
멀리서 책이라도 오는 날은
머리맡에 쌓아놓고 읽다 쓰다 생각하다가
대문에 빗장을 질러놓고
멍청히 토방에 쪼그리고 앉아
햇볕을 쬐기도 하면서
기구한 운명을 팔자소관이라 생각하면
눈물이 핑 도는 것이다
아직 오지 않은, 오고 있을 먼 날들을 생각하면
가슴이 먹먹해지는 것이었다

외로움과 강박에 눌리어
죽을 수밖에 없다는 것을 느끼는 것이었다
그러나 잠시 뒤 고개를 들어
가없는 하늘을 바라보다 무심히
흘러가는 구름을 쳐다보는 것인데
이때 모든 계획은 내가 할지라도
이루시는 이가 따로 있음을 기억하고
다시 고개를 숙이게 되는 것이다
이렇게 하여 여러 날이 지나는 동안
엉킨 마음에는 원망이며 한숨이 삭아
차츰 정적으로 고요함으로 가라앉고
외로운 생각만이 드는 때쯤 해서는
더러 북창에 칼바람이 불어 내리치기도 하는데
이런 늦은 밤에는 전기장판 온도를 조금씩
올려보며, 몸에 담요를 둘둘 감아보며,
신실한 마음 속에만 피어난다는
영원히 시들지 않는
샤론의 꽃을 생각하는 것이다

오늘 하루

어둠을 몰아내며

장닭이 동네방네
홰를 치며 외친다

꼭두새벽부터

꼬끼오 꼬끼오
꼭이오 꼭이오

오늘 하루
최선을 다하자고

그러니까,

아직은 아침나절
알을 낳은 암탉이

꼬꼬댁 꼬꼬댁
함평댁 손불댁

알았다 그런다.

말 반찬

마을회관에 모인 아짐 아제
허구헌 날 일 없는 날
그 야그가 그 야그지
허구헌 날 비오는 날
그 야그 안 허면
무신 재미로 산당가 ?

하면서,

그림자만 지나가도 붙잡고는
여보시게,
개미진 말 반찬 좀 만들어 보소

허는디,

허구헌 날 심심헌 날
말 반찬 없으니
목구멍이 간질간질허다고 안 허요 ?

그 야그 그 야그가
엔돌핀이다 안 허요?
웃음이 보약이라 안 허요 ?

월야떡 월촌떡
여름내 부침개 부치듯 뒤집었다 엎었다 허드만
개도 안 물어갈 말 반찬 땜시 사단이 난 게지

우리 마을에선 개 조심 도둑 조심
차 조심 길조심 헐 것도 없고
말조심 입 조심만 잘 허면 된당께라

말을 먹고 사는 외로운 사람들
오늘은 무슨 말 반찬을 맨드랐는지
마을회관이 시끌사끌허구만요

주포항

물때도 모르고
고동이나 줍자고 나섰다
그곳에 도착했을 때

파도가 너울너울 방파제까지
손에 손 잡고 걸어오고 있었다
파도가 렁출렁출 물고기 떼를 몰고
춤을 추며 들어오고 있었다

다들 어디로 갔나?

주모 없는 술집의 술항개포구
호리병에 막걸리가 가득해서
돌머리 해변에서 술을 마시고
벌컥벌컥 바다를 마신다

해당화 붉게 피고 내 얼굴도 피고

남도의 겨울

오매나! 저 눈 좀 보시게요

가난한 죽암마을에 눈이
푸지게 내리고 있구마니라

겁나게 쌓이고 또 쌓이고 쌓여도
골목길 마실길은 터놓고 쌓였어라

어째 오늘은 눈이 온께 마음이 푸근허요
소나무에도 동백숲에도 신우대 잎사구에도
머리에도 눈꽃이 피었당께라

저렇게 큰 그림은 첨 봤어라
저렇게 큰 이불은 첨 봤당께라

아따, 저 눈 좀 보시랑게요!

소명 일기
– 한 우물 파기

우연치고는 절묘한 우연이다
연고 하나 없는 산골 소명마을
어쩌다 이곳까지 흘러왔는가

그들이 팽개치고 떠난 땅
한 삽 한 삽 파고 있는 나는
소명 받은 몸이다

개구리와 너구리도
둠벙을 파 놓아야 뛰어든다

파다 보면
물이 솟든 시가 솟든
솟을 것이다

내가 목말라 파는 우물이지만
누구든 목마른 자의 것이다

꽃 피는 날에

사랑아, 너를 보면
우리 죽은 미순이가 살아서 돌아온 거 가터야
너는 내 동생이여!

집 비워놓고
벚꽃 축제장에 밥 벌러 갔더니
반가운 전화가 온다
강아지 밥 주고 꽃에 물도 주었다
누구 보라고, 누가 본다고
꽃밭에 꽃 심기는 왜 심었냐?
혼자 보기 아깝게 피고 지는데
목소리가 축축하다

집에 돌아와 보니
울안 가득 축제가 열렸다
저 많은 꽃 혼자 보고 있는데
봄이 와도 돌아오지 않는
복순 언니야!

글쎄, 동생 삼기는 왜 삼았냐고?

정情

산골에서는
서로 오가며 주고받는 정으로 산다

이 산골에서 농사 안 짓고
시만 짓고 사니 줄 게 없다고 ?
나도 줄 게 있다
유독 정이 많은 앞집 언니가
냄비에 양푼에 음식을 담아오면
빈 그릇에 무엇을 담을까 ?
고민하다 문득 생각 난 情!
초코파이 두 개
무거워요 얼른 받아요
뭐냐?
열어봐요
그것밖에 없어서…

내 마음 담아왔어요

부추밭 풀 매기

앞산 뒷산 뻐꾸기 웁니다
부추밭 혼자 매고 있습니다
부추보다 풀이 배는 많습니다
부추밭이 아니라 풀밭입니다
땡글땡글 햇볕이 쏟아집니다
잡념을 뽑듯 풀을 뽑다
뒤돌아보니,

세상 참 고요합니다.

안녕하세요?

마을엔 집집이 대문은 없어도
한두 마리 개는 다 있다

우리 집 옆구리에 양 장로님 밭 있는데
개는 나보다 귀가 밝아
일하러 오시는 발자국 소리 듣고
먼저 인사를 한다

멍멍멍멍멍
귀가 어둔 장로님 못 들으실까 봐
더 크게 컹컹컹컹컹

그제서야 알아들은 장로님
그래 인마, 알았다 알았어!
대답을 들었는지

조용하다!

편지 · 1

사랑,
겨울입니다.

올겨울 사랑의 몸과 마음이 따뜻하기를 바라는 마음으로
시 한 편 보냅니다.

늘 건강,
건필하시기 바랍니다.

2014. 11. 18.
최남단 마라도에서,

마음이 마음에게 보낸
詩 한 편 !
겨울 초입에 봄을 읽는다

아들 낳은 죄

내과에서 진료순서를 기다리는데
누군가 아들 자랑이 한창이다

아들아들 허지들 마시오
여그 이 지팽이가 효자요
몸뚱이에 파스로 도배를 하고 사니께
매느리가 와가꼬 서울로 델꼬 가서는
병원에 가둬놨어라 아들은 코빼기도 안 보여주고
매느리가 가끔 면회를 오는디 껌정 비닐봉다리를
침대에 툭 떤지면서 심심한께 이거나 드시고
약 잘 잡숫고 지시오 이러고 머시가 바쁜지
후딱 가버린당께라 통장도장도 고것이 다 가져가서
오도 가도 못 허고 꼼짝없이 갇혀서는, 먼 놈의 병원이
문을 꽁꽁 쳐잠가 놓고 창문 철창으로 나갈 수도 없고
밥이라고 고냥이 밥 맹키로 쪼작쪼작 음석을 조사서 주요
부화 나서 죽겄더라고요 간병아짐이, 할매는
여그 있을 사람이 아닝 게 얼릉 나가시오 이랬당께라
아들자슥 다 소용없어라
내가 마른 장작개비 맹키로 빠짝 말랐당께라

엊그제 석 달만에 집에 와가꼬
포도시 살아났어라 인자 죽어도 게딱지 같은
내 집이 좋당께라
아들을 낳은 죄과로 석 달
감옥에서 풀려난 할머니
우리의 어머니고 우리들이다

휴일

농부의 휴일은
비 오는 날, 눈 오는 날

농번기엔 아플 시간도 없고
죽을 시간이 없다는 농부
추수 끝나고 마늘 양파 심고 나면
콩 타작하고 메주 만들고
김장으로 한 해를 마무리하는
일 속에 파묻혀 사는 사람
날개 달아 자식들 날려보내고
둥지를 지키며 그들은 말한다
열두 달을 하루같이 아침마다
지빠귀처럼 찌익찌익 찍
택배 상자 테이프 붙이는 소리로
말한다
'자슥들 없으면 뭐 헐라고 일허요'
모순이란 말
이런 때 써먹으라고 존재하는가?

삭신욱씬 욱신삭씬
진종일 비가 내린다

일기예보

현재 바람 순하고 맑음

내일도 역시 황홀하게 맑음

개도 짖지 않는 산골에서는

굳이 뉴스나 신문을 안 봐도

내일 비 온다는 걸 알 수 있다

햇볕 쨍쨍하고 하늘 멀쩡한 날

비료를 싣고 달리는 경운기

숨 가쁜 소리로 알 수 있다

3부
동물과 식물의 대화

다람쥐

봄 산에 다람쥐

도토리나무에 물올랐는지
밤나무에 새순 돋았는지
상수리나무 꽃 폈는지

하루에도 수수백 번

오르락내리락
오르락내리락

다람쥐가 산지기다

소

가자가자 이랴이랴 서서 워워
사람의 언어를 알아듣고 소통하던

그들은
코뚜레 대신 귀때기에 수감번호 달고
철창에 갇혀 종신형을 산다
자본주의의 돈줄에 매여 슬픔보다
체념을 먼저 배웠다
본능은 굴욕적으로 거세되어
종자 받기는 수의사의 몫이다

어미가 돈을 낳고
돈이 또 돈을 낳고 또 낳고
이상적으로 완성된 죽음의 무게는
고깃덩어리 삼사백 근으로
마지막 출소일은
병들어 죽거나 팔려가는 날이다

들판에서 그들이 떠난 뒤
밀 보리밭 풍경이 사라지고
아지랑이의 춤이 사라지고
종달새의 노래가 사라지고
자운영 꽃밭이 사라졌다

풀잎에 맺힌 풀벌레 눈물

시월, 늦은 밤

또르르또르르
뚜르르뚜르르
전화벨 울리는 소리

누굴까?

받으려면 끊어지고
받으려면 끊어지고

또르르또르르
뚜르르뚜르르

이 밤 잠 못 드는 이
누굴까?

연민

이상하게,
올해도 대감나무에 호박이 열렸다
작년에도 감은 몇 개 안 열렸었다

애호박을 제 새끼들인 양 길렀을
감나무, 그 팔을 꽉 붙잡고 있는
덩치 큰 호박의 무게를 감당하며
상처 날까 떨어질까
밤낮 걱정하고 있는 어미

그 속내를 아는 바람도
뒤뜰 감나무 곁에 오면 순해진다

사랑의 발원은
연민으로 시작되는가?

악어새

악어의 입속에서 먹이를 찾는
저 허기를 누가 채워 줄 수 있을까?

뾰족한 두 개의 부리를 달고
날개도 없는 너를 악어새라 부르면
개도 웃을 일이지만,

그 돈사 돼지들 그것이 새인 줄도 모르고
털도 안 뜯고 삼키다 목에 걸려 죽을 뻔했다지

식당에서 남의 살점 씹고 나면
친절하게 사후관리 해 주는
이쑤시개를 보면서
악어와 악어새를 상상했다

보호수, 느티나무

어르신들 만나면 두 손 곱게 잡고
고개 숙여 인사하라고 가르친 어머니

어디서든 어르신들 보면
그냥 지나가지 못하는 나는
오래된 고목 앞에서도 정중히
인사를 한다

내장산 단풍 구경 갔을 때 일이다
수령이 몇 백 년인지 기억은 없지만
보호수라는 이름표를 달고 있었다

그 앞에 다가가 안녕하세요
내 말 알아듣고 끄덕끄덕하시기에
장수비결을 물었더니
계곡 물소리로 귀를 씻고
바람 소리 새 소리만 들었다는

고전 한 그루

묶이다

이 일을 어쩌면 좋아
강아지가 나를 관리하고 있으니
새벽마다 문 열라 닦달을 하고
쓰레기 물어다 놓고 청소시키고
꼼짝없이 내 상전이다
밥 챙겨주고 똥 치워주고
여행 가도 밥걱정뿐이니
개가 나를 묶었다
나는 너를 쇠줄로 묶었고
너는 나를 집에 묶었다
서로에게 묶여서
자신의 존재를 확인한다
철봉에 묶여 펄럭이는 국기처럼

장맛비

장마철 내리는 비는
광목 실보다 질기다

장맛비 맞고
달개비꽃 피었다
무궁화꽃 피었다
호박꽃 피었다
오이꽃도 피었다
지고 피고
지고 피는
말복과 입추 사이
비는 계속 내리는데

감자를 삶을 거나
옥수수를 삶을 거나
부추 호박전 부쳐놓고
막걸리나 한 사발 먹을 거나

궁상떨기 딱, 좋은 날!

유월

처마에 제비가 집을 짓더니
알을 낳았습니다

새들이 알을 깨고 나오는
유월에는
바람도 부드럽고 순합니다

작고 여린 새끼들
쭈쭈 달라고 찌찌 달라며
말 배우느라 즐겁습니다
포롱 포로롱 날아가다
담에 부딪혀 떨어집니다
새끼들 날갯짓에 풋감이
툭, 툭 떨어집니다

고추 지지대에 앉은
어미 박새는
사방팔방 둘러보며

꼬리를 올렸다 내렸다
한눈팔 겨를이 없습니다

서울에 두고 온 내 새끼들
그렁그렁 그립습니다

도벽

그녀는 손버릇이 나쁘다

성당에서 교회에서 절에서 공원에서
카페에서 심지어는 학교에서도
백주를 훔친다
오늘도 점심 먹고 식당에서 나오다가
나 또한 어쩔 수 없는 공범이지만
아무도 그녀에게 죄를 묻지 않는다
그 가방과 주머니를 뒤져보면 안다
그 집 가보면 단박 안다
봉숭아 채송화 과꽃 맨드라미
하얀 민들레 구절초 접시꽃 층층풀꽃
그 집 꽃밭에 피어 있는 꽃이란 꽃들
전부 훔쳐다 심은 거다

물증은 꽃詩로 가득한 詩창고다

들꽃

들판에,
가을이 노릇노릇 익어가고
제비들 전선에 빼곡히 앉아 있었다

누가 수렁논에 꽃 농사 지었는지
온통 고마리꽃 여뀌꽃 지천이다
세상에나 세상이 이렇게 환하다니
그러나 눈부시진 않았다

누가 본다고 피었겠는가
꼭꼭 숨어 주소가 없어도
나는 너를 찾는다
고마리야 여뀌야
너희도 꽃이라고 …
꽃 한 번 피워보겠다고 …

가을 들판에서
눈물 흘리며 그냥 울었다

맥없이

친구

흙과 친하게 지내다 보니
벌레들과 친해졌습니다

남새밭에서 풀을 매다 보면
잎사귀마다 송송 구멍 뚫는 민달팽이
새순을 싸그리 갉아먹는 도고통벌레
뿌리 밑 땅속에 길을 내는 두더지며
진을 빨아먹는 진드기며 노린재처럼
미운 짓만 골라 하는 벌레들도 있지만,

무당벌레 지렁이 공벌레 청개구리 개미 거미
벌 나비처럼 착하고 예쁜 벌레들도 있습니다

다들 내 친구입니다

내 방까지 따라온 공벌레가
책을 읽고 있습니다

시치미 뚝 떼고 있으면
책상 위에서 방바닥으로
또르르 굴러 딱

작고 귀여운 별똥입니다

학대

우리 순둥이 특기는
닥치는 대로 깨물고 물어뜯기
매트 모서리마다 다 찢어놓고
새 빗자루 몽둥이 만들어 놓고
화분의 꽃 다 작살내 놓고

신발을 물고 다니며 질근질근 씹다
이리저리 끌고 다니며 흔들다 패대기 쳐요
나랑 무슨 원수졌냐고요?

그래, 넌들 스트레스가 없것냐?
그렇게라도 풀어라 풀어
죽어야, 죽어야만 끝나는
삶이 스트레스다

그러다가도

텃밭 야채를 짓뭉개고 달아나면
쫓아가서 고추지지대로 두들겨 팬다

야 이 개새끼야 너 죽을래?

욕과 함께 빗자루가 날아가고
몽둥이 슬리퍼도 날아가고 이때
졸고 있던 고양이가 튕겨 나간다

순둥아 미안타!
왜냐고 묻지 마라

고양이

살다 보니
고양이가 詩 같고
시인이 고양이 같다

달밤이면
지붕 위를 걸어 다니며
담이라는 경계를 허문다
함부로 발톱을 세우지 않는다
"가난하고 높고 쓸쓸하고 외롭게 살아가도록
태어났다"*

독야청청 고고하고 당당하고 요염하고 도도한
그것은 나의 끼이며
길들여지지 않는 야성

나의 또 다른 이름은 나비
묶이지 않는 자유로움
눈은 어둠을 보는 자동센서가 있어
이기와 욕망 같은 건 훔치지 않는다

*백석_ 흰 바람벽이 있어

거위네 집

파란 대문집 파란 함석지붕 아래

초지녁부터 혼자 떠드는 텔레비전 소리

동식이네 할머니 주무시는지

거위들 잠도 안 자고

앞집 홀아비 뒷집 과부 정분 난 이야기

두런두런두런두런두런

그럼 못 써 거위들아!

할머니께 보드란 털이나 좀 나눠 드리렴

소 울음

앞집 소가 운다
밤새도록 울고 아침나절 또
운다 내 새끼 묶어놨다고
서럽게 운다,

우지 마라 !

어차피 매여 살아야 할 생이다.
지금 우리는 삶이란 고삐에 매여
한 계절을 건너가고 있는 중이다

소처럼 울면서 울면서

동물과 식물의 대화

동물

배고프면 먹고 배부르면 자고
누가 욕하고 때리면 콱, 물어버리고
머리가 없으니 셈을 모르는
아주 솔직하고 단순하지

나무

바람 부는 방향으로 흔들리면서
비바람 맞고 눈 맞고 땡볕 아래서
추워 죽겠다 더워 죽겠다
불평하는 거 봤냐?

한 수 배우다

예취기에 잘려도 재생하는
제초제도 이길 수 없는
밟혀야 사는 풀은
독을 품고 있다

목마름으로 가뭄을 견디며
뿌리째 뽑아 던져도 기어이 살아남아
바닥을 배경으로 그것이 삶이라는 듯
기하급수로

잎을 피우고
꽃을 피우고
종자를 날린다

폐허의 땅에서 가장 먼저 돋아나는

억새

대나무와 신우대 서속과 가라지
씀바귀꽃과 고들빼기꽃, 갈대와 억새
서로 이름은 다르지만
형상이 닮은 것들

갈대와 억새가 헷갈려
흔들리는 갈대가 더
시적인 학명이라 생각했다

그러나 지금
사는 일이 그렇다고

철봉에 묶여 나부끼는 깃발처럼
땅에 묶여 흔들리는

참새와 허수어미

차조밭에 낯선 허수어미가 있네
다가가 말이나 걸어볼까?

어디 보자 !

저 꽃모자는 함평댁이 쓰던 것
저 꽃셔츠는 시집간 딸내미 것
어라! 샬랄라한 꽃치마까지?
허수아비 장가가도 쓰겄네

함평댁의 참신한 발상일세

들판에 무슨 전쟁이라도 났나?
뻥뻥 터지는 공갈 대포소리
바다인 양 그물까지 쳐놓았군!

요즘 가을 들판에서
참새는 허수어미와 친구다

짹짹 짹짹 짹짹 짹짹 짹짹
무슨 할 말이 저리 많을까？

헛꽃 산수국

산속 적막을 지키며
바스락바스락 떨고 있다

이 겨울 왜 그렇게 슬퍼 보이는 것이냐
나 속고 속아서 헛헛한 반생을 살다
누구에게 헛꽃처럼 살지 못하고
이제야 허와 참, 겸손을 배운다

당신을 유혹한다 말하지 말고
아름다운 사랑이라고 말해 주세요
너는 중심을 위해 변방에서 베풀었더냐
누구를 위해 착한 거짓말로 죄지은 적 있더냐
참을 위한 거짓으로 참사랑 맺어 주고
욕심 없이 고개 숙인 수행의 꽃 아니더냐
꽃 없는 계절 그늘진 숲이 또, 쓸쓸할까 봐
마른 꽃잎도 떨구지 못하는…

4부
은유야 어디 있니?

심심한 날

논길에서 쑥부쟁이 흔들다
건들건들 우리 집에 놀러 온
개구쟁이 바람

텃밭에 부추꽃 가만가만 흔들어보고
이슬 맺힌 거미줄도 살살 흔들다가
그래도 심심한지

마을 어귀 늙은 팽나무도 흔들어보고
저수지 버드나무 머리나 빗겨주는
너도 나만큼 심심하냐?

먹고 사는 일

이른 아침
산밭에 다녀온 어머니 말씀

어젯밤 멧돼지가 와서
고구마 죄다 파먹었다

어머니가 이랑마다 뿌린 땀
서리서리 된서리 맞았다

냅둬라! 배고픈 것들
나눠 줄 게 그것 밖에 더 있냐?

죄다 배고픈 죄다
먹고 사는 일이 죄다, 죄다

어머니의 해학적 발상

어머니를 위하여
삼촌이 가져온 전동유모차
토방에 얌전히 모셔놓고
무슨 자존심인지 뚝심인지
내 나이가 몇인데 하시며
뒷짐 지고 마을회관 출입하더니
연습 삼아 몇 번 타본 뒤로
당신 생각이 바뀌었다

"이거시 내 다리여 발이여
찰로 요거시 효자랑게
느그 시아재 집에 요거시 두 개나 있당게
애미 너도, 한 개 갖다 타고 댕겨라"

"어머니 제가 그걸 어떻게 타요
내 나이가 몇인데"

"나 같은 바보 멍청이도 타는디
너는 기차게 탈 거시다"

종자

아파트에 이사와
어린 딸을 데리고
엘리베이터를 탔는데
같은 동에 사는 누가
엄마와 딸을 번갈아 보며
너는 아빠를 닮았구나!
딸이 깜짝 놀라며 반문한다
어떻게 아셨어요?
또 어느 날은 손님이 찾아와
집 앞에서 노는 아들을 보고
얼굴이 엄마를 똑 닮았구나!
아들은 예, 라고 대답했단다.

그럭저럭

참아보니 참아지더라
참다 보니 참을 만하더라

견뎌보니 견뎌지더라
견디다 보니 견딜 만하더라

먹어보니 먹어지더라
먹다 보니 먹을 만하더라

살아보니 살아지더라
살다 보니 살 만하더라

쌀 한 톨

긴긴 밤 잠도 안 오고
수행이나 해볼 요량으로
한 톨 한 톨 쌀을 세었다
오천삼백 개
어림잡아 이 정도면
밥 한 그릇은 되겠다
아침에 밥을 지었더니
넉넉히 한 그릇이다
별짓을 다 한다 싶다가도
한 톨 한 톨의 쌀이 모여
밥 한 그릇이 된다는 것을
낱알을 세어봄으로 깨달았다
수백억 별 중 하나가
푸른 별 지구라는데
수십억 인구 중
한 사람은 누구인가?

원수를 사랑하라

사랑아, 뭐하냐
심심하면 고추나 따러 가자

복순 언니는 바짝 마른 고추에서
짤랑짤랑 돈 소리가 난다는데

어머나, 이 여뀌꽃 좀 봐!
세상에나 다들 모여서 피었네
야야, 이것들이 웬수여 웬수
그 착한 손이 주섬주섬 쥐어뜯더니
휙휙, 또랑에 던져버린다

아, 얼마나 힘든 일인가?
원수를 사랑하는 일은…
그날 나는 고추밭 언저리에서
고추잠자리처럼 빙빙 돌았다

알곡과 가라지

'높아지려는 자는 낮아질 것이요
낮아지려는 자는 높임을 받을 것이라.' *

가벼운 것들은 위로 올라가고
무거운 것들은 아래로 내려가는
접시저울이나 시소의 이치다

가을 들판을 걷다 보면
노릇노릇 바삭바삭 익어가는 벼
논과 논을 마주보고 맞절 하고 있다
잘 익은 벼들은 수평으로 평등하다

거기,

삐죽삐죽 고개 쳐들고 있는 가라지
깨금발 딛고 서서 알곡과 공존한다
화투로 치자면 피다

하나님은
알곡과 가라지를 한 밭에 두었다는데
왜 그랬을까?

---

*마태 23:1-12

오타

신광면 가덕마을 입구
느티나무 한 그루 그 옆에 정자
정자 앞에 연못, 연못 속에
남자가 여자의 어깨를 감싸고
알몸으로 서 있다

예배당 정문은 그들의 탐스런 궁둥이를
마을회관 정문은 그들의 가슴과 그것을
꼭 보려는 것은 아니겠지만
정면을 본다, 늘 보고 있다

그 시절 권역 사업을 목적으로
최대한 예술적 감각을 살렸으나
작가가 미처 못 본 것이 있다면
이미 늙은 시골의 정서다

90 프로가 농부인 노인의 눈이다

無

아침에 눈 뜨면 감사할 일이다
많은 것들 공짜로 누리고 살았다
많은 것을 받기만 원하고 살았다

나는 생에 대하여 채무자다

삶의 품앗이요 일꾼으로 살다
죽는 날 빌린 것 받아 쓴 것
제자리에 놓고 가야 한다

거름으로

평생 집을 짓고 창고를 만들고 길을 내고
내 것 내 집 내 땅
내 것이라 고집하며 살아온
내 나이 오십에 묻는다

본디 내 것이란 무엇인가?

빗자루

철사로 단단히 동여맨
신우대빗자루와 싸리빗자루가 있다
친구 시인이 만든 작품이다

그가 만든 빗자루는
두 손으로 들기에 벅찬 게 있고
한 손으로 들고 써도 되는 게 있다

나에게
빗자루가 붓이라면
마당은 화선지고
바람은 스승이다

신우대로 마당을 쓸면
낙엽 몰고 가는 바람소리가 나고
싸리로 골목을 쓸면
정갈하니 고요한 싸리꽃길 된다

생전에 허공을 쓸었을 나무
죽어서 땅을 쓸고
가을을 쓸고
쓸쓸히

손

악수하고 손뼉을 치고 긁어주고 닦아주고 안아주고 춤을 추고 연주하고 시를 쓰고 죄를 짓고 기도 하는

이 도구는,

생의 유효기간 동안
내 것이면서 내 것이 아니다

임시공화국

밤하늘에 별이 핀다고 말하는
시인들을 위하여
임시정부를 수립하겠다

국민들은 율법을 두려워하므로
이 정부에서
월급 없는 대통령으로
목숨 걸고 시 쓰는 시인들에게
최고의 원고료 지급을 공약한다

우리말과 우리 땅, 우리 꽃과 나무
우리를 고집하고 지키려는 사람들과
임시정부를 세우고 싶다

별 볼 일 없는 정부 별 볼 일 있도록…

반짝반짝 광나게 별을 닦으며
날마다 나를 벼린다
임시정부 수립을 위하여

애착

가난한 농가에 입주하던 날
집들이 선물로 돼지 한 마리
들어왔다

있는 듯 없는 듯 구석에 처박혀
그는 내가 먹다 남긴 우수리와
자투리 시간을 먹었다

늦가을
칼도 대지 않고
털도 밀지 않고
돼지를 잡고 있다

주둥이를 힘껏 비틀었다
피와 살점 같은 시간이
쇳소리를 쿨럭쿨럭 토해낸다

길바닥에 떨어진 동전 한 잎
개도 안 물어갈,
다보탑 학, 우리 쌀 이순신 장군

달동네 사람들

달은 신비주의자들의 전유물
달동네엔 달이 뜨지 않는다

가난해지고 싶어 가난한 사람 없듯
그들도 한때는 부자를 꿈꾸었으리라

연탄 한 장에 오백 원
라면 한 개 천 원

연탄 한 장이 8시간 체온을 지켜주고
라면 한 개가 한 끼 밥이 되는 사람들은
달이 없어도 살지만
연탄이나 담배 없인 못 산다

일산화탄소는 진통제이므로

그리운 서정시

꽃뱀이 숨어 울던 돌담불
장광에 배부른 항아리
아궁이와 절절 끓던 방구들
사랑이 피어오르던 굴뚝
녹슨 함석지붕의 지시락물
쇠죽 호박죽 시래기 끓이고
엿기름 고던 가마솥
통보리쌀 통고추 마늘 갈던 돌확
자운영 갈아엎던 쟁기와 일소
해와 달, 밥을 지어 나르던 지게
담 너머로 오가던 정
청국장 냄새나는 사투리
젖 달라고 보채던 울음소리
벙어리가 된 학교 종
마을로 구부러진 황톳길
소문의 발원지인 샘터
그 샘을 지키던 두레박
막사발에 고봉밥 먹던 장정
다들 어디로 갔을까?

사람냄새 나는 푸짐한 그 인심
기차에 가난을 싣고 떠난 사람
어디 가면, 어디 가서
서정시 한 편 만날 수 있으려나?
오늘도 동구 앞 느티나무는
떠난 사람들을 기다리고 있다

매듭

어젯밤 꿈자리 사납더니
그 사람 넥타이 매고 갔다네

이 사람아, 일복도 옷이라고
저승까지 넥타이를 매고 갔나?
문상 온 사람들 목이 메어
컥컥 울지도 못하네

숨 막히게 목을 조르는 고층 빌딩
그 문안에 갇힌 화이트칼라들
직장이 굴비 엮듯 넥타이로 묶어놓았네
아내가 묶어주면 행복하다는 넥타이는
노타이의 자유로움에 대한 변명일 뿐

일에 매이고 집에 매이고 돈에 매이다 보면
사람에 매이고 사랑에 매이고 시간에 매이고
현실에 매여 살다 보면

늦가을 감나무에 매달린
쓸쓸한 인생살이

하느님!
세상에 묶인 저 사람들
꼭, 풀어 주셔야 합니다

글 감옥

금구면 싸리골
그 집 마루에 걸린 현판에
글 감옥이라 쓰여 있다

스스로 유배 와서
죄인 아닌 죄인으로 사는 그분
엿 같은 세상보다 글 감옥이 좋다는데

그곳은
나비가 앉았던 자리
하얀 민들레가 꿈꾸는 자리
시의 씨앗이 움트는 자리

밤마다 백지 위에
억수로 별이 돋는다는

작품 해설

검이불루儉而不陋를 무위無爲로 읽다

나호열(시인, 경희대 사회교육원 교수)

■작품 해설■

검이불루儉而不陋를 무위無爲로 읽다

나호열(시인, 경희대 사회교육원 교수)

『적막 한 채』는 이사랑의 첫 시집이다. 몇 년 전 그의 시들을 인상 깊게 읽었고, 참신한 시인의 탄생을 예감하고 있던 터라 덥석 그의 『적막 한 채』를 들여놓았으나 쉽게 그의 시를 이야기한다는 것이 얼마나 어려운 일인가를 깨닫는 데에는 그리 오랜 시간이 필요하지 않았다. 나는 고백한다. 겨울이 시작되고 다시 봄이 오고 있는 이 시간까지 시인이 걸어갔던 삶의 행적을 좇는 일에 실패했고, 그래서 절망했다. 예전에 알고 있던 '이사랑'이라는 시인과 그의 시들은 『적막 한 채』에는 없다. 아니, 더 정확하게 말한다면 누구에게나 그러하듯이 시인의 과거는 '적막 한 채'에 오롯이 스며들어 환영으로만 존재하고 있다. 이 글은 시집을 처음 만나는 독자들이 마주치게 될 파격破格의 광경이 얼마나 눈물 서리는 우리 삶의 감춰진 참모습인지를 함께 나누는 일에 바쳐져 있다. 상식常識이라는 허울로, 체면이라는 장식으로, 스스로 유폐시켰던 자아를 끄집어내기 위해서 시인이 해학과 역설의 망치로 머리를 내리치고 가슴을 으깨어 버린 현장과의 조우는 경악한 만큼 외롭고 슬프다. 그래서 파격이란 타자他者의 삶을 각성覺醒시키는 강력한 도구로 작동하기도 한다. 잠시 몇 년 전의 기억으로 되돌아 가보자. 이사랑은 제11회 수주문학상 대상을 수상하면서 본격적으로 이름을 알린 시인이다.

청석골의 단골 수선집 늙은 재봉틀 한 대
아마, 지구 한 바퀴쯤은 돌고도 남았지
네 식구 먹여 살리고 아들딸 대학까지 보내고
세상의 상처란 상처는 모조리 꿰매는 만능 재봉틀
실직으로 떨어진 단추를 달아주고 이별로 찢어진 가슴과 술에 멱살 잡힌 셔츠를
감쪽같이 성형한다
장롱 깊숙이 개켜둔 좀먹은 내 관념도 새롭게 뜯어고치는 재봉틀
작은 것들은 가슴을 덧대어 늘리고
막힌 곳은 물꼬 트듯 터주고 불어난 것들 돌려막으며
무지개실로 한 땀 한 땀 땀 구슬을 꿰어 서러움까지 깁고 있다
무더운 여름 낡은 그림자를 감싸 안고 찌르륵 찌르륵
희망은 촘촘 재생시키고 구겨진 자존심은 반듯하게 세워 돌려준다
일감이 쌓일수록 신나는 재봉틀 오늘도 허밍허밍 즐겁다
별별 조각난 별들을 모아 퀼트 하는 밤
바늘 끝에서 노란 달맞이꽃들이 환하게 피어났다

– 시 「바늘 끝에서 피는 꽃」 전문

수주문학상 대상작인 위의 시를 비롯한 신작시 몇 편을

언급하면서 '내성內省의 발현과 애이불상哀而不傷의 시'로 이사랑의 시를 가늠했었다. 내성內省은 스스로의 모습을 비추어보고 가식을 벗어던진 있는 그대로의 자신을 위무慰撫하는 것이며 애이불상은 말 그대로 슬퍼하되 마음까지 다치지 않는 극기克己의 상태를 말하는 것이다. 삶의 허무함에 빠지지 않고 근기根氣를 훼손하지 않으려는 안간힘! 그때의 소회는 다음과 같았다.

재봉틀로 상징되는 노동은 회한과 절망을 거쳐서 분노의 길로 들어서는 것이 오늘의 현상이다. 자본주의의 사회적 구조는 빈곤을 확대 재생산시키는 왜곡을 일으킨다. 그러나 다른 쪽에서의 노동은 생계를 유지하거나 부를 축적하는 수단을 넘어서는 놀이의 길을 걸어가기도 한다. 백장선사의 '하루 일 하지 않으면 하루 먹지 말라'는 언급은 노동 속에서 삶의 의미를 궁구하는 사람이 있는가 하면 노동 속에 함몰되는 노예의 삶이 있음을 꾸짖는 것이다.

「바늘 끝에서 피는 꽃」이 이사랑 시의 출발점으로 삼아도 좋을 듯하다는 필자의 소견은 이 시의 話者가 취하고 있는 관찰자로서의 태도, 더 나아가서 세상에 대한 따뜻한 시각에서 비롯되는 것이다. 만일 이시의 화자가 재봉틀을 돌리는 당사자로 설정되었다면 보다 넓은 공감대를 형성하는 데에는 미흡하였을 것이다. 화자는 '장롱 깊숙이 개켜둔 좀

먹은 내 관념' 에서처럼 상처를 가진(좀먹은) 존재이다. 「바늘 끝에 피는 꽃」에서의 재봉틀은 소비를 전제로 하는 새로운 제품의 생산이 아니라 세상의 상처란 상처는 모조리 꿰매는 치유와 서러움을 깁는 각성의 도구이다. 말 그대로 수선하는 도구인 재봉틀은 바늘 끝에서 노란 달맞이꽃들이 환하게 피어났다는 결구로 말미암아 기다림의 도구로 한껏 의미의 전환을 한다. 달맞이꽃의 꽃말이 '기다림' 이라는 사실을 상기해 보라. 노동의 도구에서 치유의 도구로의 전환도 놀라운데 시인은 한 걸음 더 나아가 기다림의 도구로 재봉틀을 승화시키는 힘을 보여주고 있다. 연상과 상상력은 시인의 중요한 무기이지만 삶에 대한 흔들리지 않는 긍정과 희망이 없으면 쉽사리 발화될 수 없는 능력이기도 하다. 그래서 이사랑의 시편이 노동의 긍정에서 그 노동 자체를 놀이로 격상시킬 수 있는 근력을 가지게 될 것인지 궁금해진다.

이 글에서 파격을 이야기하게 되는 것은 위의 인용문에서 보이는 '내성內省의 발현과 애이불상哀而不傷의 시' 에서 출발하여 『적막 한 채』에 이르게 되는 여정이 어디에선가 문득 단절되었다는 데에서 연유한다.

단언컨대, 『적막 한 채』만으로 이사랑의 시 세계를 조망하는 것은 마땅치 않은 일이다. 『적막 한 채』에 도달하기

이전의 '내성內省의 발현과 애이불상哀而不傷의 시', 즉 기다림과 긍정의 시선이 어떻게 해서 와해되어버린 것인지, 그리하여 일체의 희망과 삶에의 편집에서 벗어난 듯한 『적막 한 채』 사이에 존재하는 의식의 변화를 감지하지 못한다면 파격은 그저 궤도를 벗어난, 말장난으로 오해받을 가능성이 농후하다. 이사랑의 시편들에서 마주하게 되는 첫 번째의 파격은 시집 『적막 한 채』에는 시인의 삶의 전반부를 아우르는 시들이 수록되어 있지 않다는 점이다. 앞에서 소개한 「바늘 끝에서 피는 꽃」을 비롯하여 다수의 빛나는 시들을 시인 자신이 버렸다(?)는 것이 의미하는 바는 무엇일까? 시력詩歷 십여 년의 과업을 사상捨象시킬 수 있다는 것은 모험이자 도전이 아닐 수 없다. 두 번째 파격은 이와 더불어 이사랑의 시들이 가지고 있던 견고한 형식의 파괴, 정통 시법詩法의 파괴를 선보이고 있다는 점이다. 과감한 남도 사투리의 구사, 독백체의, 비유를 던져버린 직설적 화법이 질펀하게 깔린 이번 시편들은 거친 야유와 반어反語의 성찬을 보여주고 있다. 그리하여 세 번째 파격은 우리 삶의 금기禁忌를 과감하게 뛰어넘는 유니섹스unisex의 세계를 보여주고 있다는 것이다. 그렇다고 시집 『적막 한 채』를 우리가 외면하고 싶은 한 생애의 이면을 들추어내어 더 외롭고, 더 괴롭게 상처를 들쑤고자 하는 절망의 시편으로 몰고 가서는 안된다. 이사랑의 『적막 한 채』는 시인의 처절한 삶의 기록인 동시에 자신을 옥죄고 있는 삶의 사슬을 풀어내려고 하는 안간힘으로 읽을 때 스멀스멀 웃음과 눈물이 동의어임을 깨닫게 되는 페이소스가 함유되어 있음은 부인할 수 없는 사실이기 때문이다.

『적막 한 채』의 배경을 이루는 공간은 남도의 함평이라 한다. 어느 날 문득 시인은 도시생활을 접고 생면부지의 마을에 숨어들었다고 했다.

어느 날 남편도 버리고
남편과 살던 집도 버리고,
그리고 부모도 형제도 다 버리고
집안이 풍비박산으로 고향마저 버렸다
피붙이 두 딸과도 멀리 떨어져
남도 황토 땅에도 마음 붙일 곳 없어 방황했다

–「사론의 꽃」 부분

귀향도 아니고 도피도 아닌 궁벽한 귀양살이 – 귀향과 귀양은 한자로는 다 같이 歸鄕이다– 는 쫓겨간 것이 아니라 시인 스스로를 추방한 것이다. 사람에게 실패하고, 곤고한 사회제도에 무릎 꿇고 난 다음에 절연을 위해 찾아든 시골 마을에서 시인은 뜻밖의 인연들을 만난다.

가난한 농가에 입주하던 날
십늘이 선물로 들어온
돼지 한 마리

– 시「애착」 1연

낯선 이방인이 찾아들었는데 돼지 한 마리를 집들이 선물로 안기는 사람들은 도대체 누구인가? '나는 풍경 속으로 도망쳤'는데, '현재로부터 옛날로/ 도시로부터 산골로/ 사람들로부터 자연으로/ 자본주의로부터 무정부주의로' (「풍경 속에 들다」 부분) 숨어들어 풍경의 배경이 되었는데, 그 공간에도 따스한 체온을 지닌 사람들이 잃어버린 과거의 얼굴로 다가왔던 것이다. 그 사람들은 '사랑아, 너를 보면/ 우리 죽은 미순이가 살아서 돌아온 거 가터야/ 너는 내 동생이여!' (「꽃 피는 날에」 1연)하며 살갑게 다가오는 복순이 언니이고, 귀가 어두운 양 장로, 아들이 내려와 반쯤 쓰러진 헛간을 밀어버리고 남천을 뼹 둘러 심은 집에 혼자 사는 할머니들, 그런 할머니와 살며 개를 끌어안고 자는 어린아이 성우, 그렇게 소외된 사람들이 스스로 귀양시킨 시인을 맞이했던 것이다. 한마디로 가식이 없는, 그러나 사람이 그리워 오일장을 기다리는 사람들이 시인이 대면한 낯선 사람들이었던 것이다.

> 함평장에는 마트에서 볼 수 없는
> 에누리와 손저울과 덤이 있어라!
> 싸목싸목 댕겨보시게요
> 웃음도 덤으로 따라온당께라
>
> –시 「함평장」 부분

서로 물어뜯고, 아웅다웅하며 승패를 가르는 사람들을 떠나온 시인과 물어뜯고, 아웅다웅하는 사람들조차 그리워

하는 시골 사람들과의 만남은 잊혀졌던 가슴의 온기를 되살리는 계기를 마련해 준다. 그 가슴의 온기는 '어머니'의 마음에서 시작되고 끝을 맺는, 시인에게도 결코 버릴 수 없는 아릿한 것이다. '어르신들 만나면 두 손 곱게 잡고/ 고개 숙여 인사하라고 가르친 어머니'(「보호수, 느티나무」 1연)가 이렇게 말씀하신다. '어젯밤 멧돼지가 와서/ 고구마 죄다 파먹었다…중략 냅둬라! 배고픈 것들/ 나눠 줄 게 그것밖에 더 있냐?// 죄다 배고픈 죄나/ 먹고 사는 일이 죄다, 죄다'(시 「먹고 사는 일」 부분). 배고픔이, 먹고 사는 일이 죄라는 이 원초적인 한탄을 곳곳에 숨어 있는 자연의 묵시록으로 받아들여질 때, 인간의 편의대로 도구화된 자연이 아니라 순결한 섭리를 그대로 드러내는 자연과 자연현상을 통해 시인은 관조나 완상이 아닌 사랑의 실체를 배우게 되는 것이다.

들판에,
가을이 노릇노릇 익어가고
제비들 전선에 빼곡히 앉아 있었다

누가 수렁논에 꽃 농사 지었는지
온통 고마리꽃 여뀌꽃 지천이다
세상에나 세상이 이렇게 환하다니
그러나 눈부시진 않았다

누가 본다고 피었겠는가?
꼭꼭 숨어 주소가 없어도

나는 너를 찾는다
고마리야 여뀌야
너희도 꽃이라고…
꽃 한 번 피워보겠다고…

가을 들판에서
눈물 흘리며 그냥 울었다

맥없이

—시 「들꽃」 전문

농부들은 쌀을 수확하기 위해 피를 뽑고 잡초를 솎아낸다. 그러나 들판에는 고마리도, 여뀌도, 제비들도 살아보겠다고 꽃을 피워 올리고 양식을 찾아 눈을 모은다. '환하지만 눈부시지는 않은' 세상의 실상을 얼마나 더 많은 수식으로 대신할 수 있단 말인가! 시인은 묻는다. '하나님은/ 알곡과 가라지를 한 밭에 두었다는데/ 왜 그랬을까?' (「알곡과 가라지」 마지막 연). 왜 이 세상에는 승자/ 약자, 가진 자/ 못 가진 자, 기쁨/ 슬픔의 이분법의 가치가 횡행하는 것일까? 수많은 성인, 현자들이 궁구했고, 마침내 설파했던 '사랑'이 무차별無差別인 것을 시인은 감지하고 있는 것이 아닐까? 스스로를 유폐시켰으나 여전히 그리워할 수밖에 없는 인간의 세계, 이에 모순 항項으로 대립하는 무차별한 사랑의 명법 사이에서 시인은 여전히 좌절하고, 분노하고 괴로워한다. 인간이 지니고 있는 오욕의 잣대로 만상萬象에게로 향하는 사랑을 구현할 수는 없기 때문이다. 그래서 시인(자아)은 자학한다.

1급수에서만 산다는
버들치 꺽지 열목어 쉬리 산천어 금강모치
세상이 혼탁해지면서 멸종 위기에 처한
그중 한 마리가 나다.

—시 「결벽증」 부분

침침한 눈
씩어가는 치아
녹슬고 마모된 머리
삶의 무게에 짓눌린 허리
세상을 혼자 짊어진 듯한 어깨
틀어진 문짝처럼 삐걱거리는 무릎
아무리 찾아봐도
나밖에 없다

—시 「중고품」 부분

몸을 신으로 모시고 사는
나는 나 자신을 믿는다
자신을 믿고 사는 나는
내 몸이 신이다

하늘 무서운 줄 알라며
하느님이 '까불지 마라' 한다
솔직히 말하자면 나 자신은
삼신 축에도 못 끼는…

—시 「자신」 전문

위의 몇몇 시에서 골라본 인용문에서 보이는 바와 같이

시인은 남과 어울리지 못하는 결벽증을 가진 외톨이이고, 몸이 성치 않은 중고품이며, 사이비이다. 그러나 이러한 자신(자아)에 대한 통렬한 자각은 자기비하나 열등감의 표출로만 받아들일 수는 없다. 왜냐하면, 진정한 외로움은 타자의 부재에서 오는 것이 아니라 완전한 자아(꿈)와 현실로 존재하는 자아의 불일치에서 오는 것이기 때문이다. 그래서 자기비하로 언뜻 비치는 시인의 발언은 눈물겹게 진솔하다.

'추상적 사랑이라는 신기루/ 그것이 행복이라는 착각을 믿으며// 사람이 사람을 사랑할 때만큼/ 외로울 때가 또 있을까?' (「너에게 가는 길」 부분)처럼 사랑이 추상화될 때 야기되는 외로움은 자아의 더 깊은 곳에 자리잡은 마그마의 일시적인 분출에 불과할지 모르기 때문이다. 긴 밤을 새우며 쌀을 한 톨 한 톨 세며 밥 한 그릇에 오천삼백 개의 쌀알이 필요하다는(「쌀 한 톨」) 이 무용無用함, '숫눈길 걸어가고 있다/ 앞으로 걸어가다 돌아서서/ 내 뒷모습을 보며 걸었다' (「나 홀로」)는 처연한 자기 확인에 가 닿는 시인의 마음을 어찌 외로움이라는 낱말 하나로 헤아릴 수 있겠는가! 시인이 내려앉은 남도 함평군 손불면 소명동은 시인이 말한 대로 천지 그 전부이며, 시인이 맘껏 읽고 배우는 경전이다.

> 꽃뱀이 숨어 울던 돌담불
> 장광에 배부른 항아리
> 아궁이와 절절 끓던 방구들
> 사랑이 피어오르던 굴뚝

녹슨 함석지붕의 지시락물
쇠죽 호박죽 시래기 끓이고
엿기름 고던 가마솥
통보리 쌀 통고추 마늘 갈던 돌확
자운영 갈아엎던 쟁기와 일소
해와 달, 밥을 지어 나르던 지게
담 너머로 오가던 정
청국장 냄새나는 사투리
젖 달라고 보채던 울음소리
벙어리가 된 학교 종
마을로 구부러진 황톳길
소문의 발원지인 샘터
그 샘을 지키던 두레박
막사발에 고봉밥 먹던 장정
다들 어디로 갔을까?
사람냄새 나는 푸짐한 그 인심
기차에 가난을 싣고 떠난 사람
어디 가면, 어디 가서
서정시 한 편 만날 수 있으려나?
오늘도 동구 앞 느티나무는
떠난 사람들을 기다리고 있다

—시 「그리운 서정시」 전문

위의 시는 '향토유물 전시관에 다녀와서' 의 부제가 붙은 시 「그리운 서정시」 전문이다. 남아 있는 것보다 떠난 것들이 더 많은 시대에 살면서 그래도 유물의 이름이 아니라 손때 묻은 살림살이로 아직도 몸과 가까이 있는 땅에서 시인은 뭍 동식물과 체온을 나누며, 외로우면서도 외로움을 드러내지 않은 자연과 대화를 나누며 살고 있다. 일찍이 도시

생활에서 접하지 못했던 늙은 농촌의 삶은 서서히 그의 화법을 변화시켰을 것으로 짐작된다. 말 상대가 없는 고적한 일상, 날마다 마주치는 사건이 없는 마을의 무료함 속에서 시인의 귀에 들어오는 모든 소리는 가공되지 않은 '날것' 그대로의 소리였을 것이다. 사회화되지 않은 되지 않은 '날것' 과의 소통은 자연스럽게 그의 화법을 바꾸어 버렸을 것이다. 처음에는 생소했던 시의 화법이 어느새 친근하게 다가오는 까닭이 여기에 있다.

그래서 이 글의 서두에서 『적막 한 채』를 관통하고 있는 키워드를 '파격' 이라고 단정했던 것을 이쯤에서 슬그머니 거두어들이고 싶다. 『적막 한 채』는 시인이 상상력으로, 유려한 필치로 만들어낸 시집이 아니다. 시인이 키우는 개 순돌이, 산지기가 살았던 산속 외딴집을 지키는 먹감나무, 봄산의 다람쥐부터 심심하게 흘러가는 바람까지 시인에게 다가왔던 순정한 자연이 전해준 말씀의 기록이다. 시인은 그저 그들의 말씀을 왜곡하지 않고 받아 적는 일에 충실했다는 생각이 '파격' 이라는 단어 하나로 응집될 수 있을지 마음이 뭉클해지기도 한다.

물론 『적막 한 채』에 드러난 오늘날의 농촌 풍경의 현장감과 아직 버려지지 않은 두레 공동체의 미덕을 생생하게 되살린 성과나 의의를 간과해서는 안될 것이다. 그러나 우리가 꼼꼼히 짚어봐야 할 점은 다른 곳에 있다. 농사를 짓기 위해서 돌아온 땅도 아니고, 생업도 마땅치 않은 자신의 일상을 꾸밈없이 드러낼 수 있다는 것은 아무나 할 수 있는 일은 아니다. 완전히 오욕칠정을 덜어내고 난 후의 깨달음이 아니라 모든 욕심을 덜어내고 또 덜어내고자 하는 과정을 보여줄 수 있다는 것은 시인에게 아직도 가 닿아야 할 이상향이 존재하는 것이며, 그 이상향으로 가는 나침반이 시詩임을 여러 곳에서 토로하고 있음도 눈여겨보아야 할 점이다.

또 시인은 「그리운 서정시」에서 그가 시를 써야 할 이유를 분명히 밝히고 있다. 차별되지 않은 사랑으로 이 세상의 장벽을 허무는 일이 바로 그것이다. 시집 도처에서 산견되는 시의 정의는 시 「무값」에서 분명하게 드러난다.

> 무우의 값이 아닌 무값
> 내 시가 그렇다!
> 밑천 안 들이고 받아쓰기 한
> 내 시집은 값이 없다
> 그래서, 0원 영원이다
>
> —시 「무값」 부분

'받아쓰기' 와 '0원', '영원' 이라는 세 마디의 연결어는 시인이 꿈꾸고 도달하고자 하는 겸허한 시 쓰기의 방법이며 도달점이다.

'적막 한 채' 는 이제 시인 이사랑 아니 보편적 인간 일반의 다른 이름으로 우리 앞에 서 있다. 아직 작명되지 않은 풀꽃으로 유배지에 서 있는 '나'는 어느 시인의 호명을 간절히 기다리고 있다. 그 어느 시인은 다름 아닌 시인이 되기 전의 시인이 되는 순간을 기다리는 본연의 자아이다. 추상적인 사랑의 신기루로 행복을 착각하는 데서 야기되는 외로움은 진정한 외로움이 아니라던 시인의 읊조림은 슬프면서도 기쁜 까닭은 호명을 기다리는 그 자세에 있다. 일찍이 노장老莊이 그토록 강조해마지 않았던 무위無爲는 일체의 행위를 거부하는 것이 아니라 억지로 하지 않고 꾸미지 않는다는 것이었다.

> 소리가 사라진 자리에
> 고요가 움트는 신생의 시간
> 가위로 어둠을 오려냈더니
> 거기, 적막 한 채 보인다
>
> 시가 뭔지도 모르고
> 규격이나 틀도 모르고
> 거침없이 형식을 파계하고
> 석 달 열흘, 무엇에 홀린 듯
>
> 적막강산에 지은, 시의 집
> 적막 한 채 !
>
> —「적막 한 채」 전문

시인 이사랑이 『적막 한 채』에서 보여주는 언뜻 일탈에 가까운 시법의 실상은 '있음'(현 존재)의 변화에 맞서는 힘이

기다림 – 본질이 현현되는 – 에 있음을 강조하는데 있다고 보여진다. 그러므로 시집 『적막 한 채』는 완성된 시의 집이 아니라 앞으로 더 허물어져야 할 무위의 그림자일지도 모르겠다. 이제 우리가 기다려야 할 것은 '적막 한 채' 속에 사람의 숨결, 따스한 온기가 가득 차는 일이 아닐까? 다시 한 번 『적막 한 채』를 조용히 마음에 담아본다.

국립중앙도서관 출판예정도서목록(CIP)

적막 한 채 : 이사랑 시집 / 지은이: 이사랑. -- 서울 : 다시올, 2015
p. ; cm. -- (다시올시선 ; 006)

ISBN 978-89-94414-59-1 03810 : ₩10000

한국 현대시[韓國現代詩]

811.7-KDC6
895.715-DDC23 CIP2015010541

I Sa-rang

다시올시선 006

적막 한 채

초판인쇄 | 2015년 4월 10일
초판발행 | 2015년 4월 20일

지은이 | 이사랑
펴낸이 | 김영은
펴낸곳 | 다시올
등 록 | 제 310-2007-00028
주 소 | 서울시 노원구 월계4동 382-55
전 화 | 070-7431-5941
팩 스 | 031) 855-0023

값 10,000원

ISBN 978-89-94414-59-1 03810